BEI GRIN MACHT SICH IHR WISSEN BEZAHLT

- Wir veröffentlichen Ihre Hausarbeit,
  Bachelor- und Masterarbeit

- Ihr eigenes eBook und Buch -
  weltweit in allen wichtigen Shops

- Verdienen Sie an jedem Verkauf

Jetzt bei www.GRIN.com hochladen und kostenlos publizieren

Sprachsensibler Sportunterricht. Bedingungen für einen sprachförderlichen Unterricht

Julia Hahn

Bibliografische Information der Deutschen Nationalbibliothek:

Die Deutsche Nationalbibliothek verzeichnet diese Publikation in der Deutschen Nationalbibliografie; detaillierte bibliografische Daten sind im Internet über http://dnb.d-nb.de abrufbar.

ISBN: 9783346574183
Dieses Buch ist auch als E-Book erhältlich.

© GRIN Publishing GmbH
Nymphenburger Straße 86
80636 München

Druck und Bindung: Books on Demand GmbH, Norderstedt Germany
Gedruckt auf säurefreiem Papier aus verantwortungsvollen Quellen

Das Buch bei GRIN: https://www.grin.com/document/1165678

Hausarbeit zum Thema

Sprachsensibler Sportunterricht

im Rahmen des Seminars „Kleine Spiele - DaZ"

erstellt von Julia Hahn

Inhaltsverzeichnis

Einleitung

Viele Grundschulkinder, die eine deutsche Schule besuchen, haben einen Migrationshintergrund und lernen Deutsch daher als zweite Sprache. Internationale Schulleistungsvergleichsstudien, wie PISA, IGLU und DESI, zeigen, dass insbesondere bei Lernenden mit einem Migrationshintergrund ein Förderbedarf im Bereich der deutschen Sprache besteht. In jedem Schulfach gehören schulspezifische Sprachhandlungen, wie Erklären, Beschreiben und Analysieren auf der Grundlage einer bestimmten Fachsprache zum Alltag. Eine Förderung der Sprachkompetenzen kann und sollte daher auch über den Deutschunterricht hinaus praktiziert werden. Auch im Sportunterricht findet immer eine sprachliche Verständigung statt. Deshalb stellt sich die folgende Frage:

Wie lässt sich Sportunterricht sprachsensibel gestalten?

Zunächst werden einige relevante Grundlagen des Zweitspracherwerbs dargestellt, indem die Unterscheidung von konzeptioneller Mündlichkeit und konzeptioneller Schriftlichkeit im Rahmen der Schule erfolgt, altersgemäße Entwicklungsaufgaben beschrieben und die bekanntesten Zweitspracherwerbstheorien erläutert werden. Nachfolgend werden die Bedingungen für einen sprachförderlichen Unterricht beschrieben. Im nächsten Schritt wird auf die Besonderheiten im Sportunterricht eingegangen und die didaktischen Konsequenzen daraus abgeleitet. Abschließend folgt die Schlussbetrachtung.

Grundlagen des Zweitspracherwerbs

In der Spracherwerbsforschung wird unter dem Zweitspracherwerb eine Sprache verstanden, die zusätzlich zur eigenen Muttersprache erworben wird und zur Bewältigung des Alltags notwendig ist. Im Fokus der Sprachförderung stehen Lernende mit Deutsch als Zweitsprache (DaZ), da diese den sprachlichen Anforderungen in der Schule oftmals nur unzureichend gewachsen sind. Daraus ergeben sich Schwierigkeiten im Fachunterricht.[1]

BICS und CALP

In der alltäglichen Kommunikation können sich Kinder und Jugendliche meist gut verständigen. Das liegt daran, dass diese im privaten Dialog stattfindende Art von

---

[1] Vgl. Arzberger & Erhorn 2013, S. 5

Kommunikation meist kontextgebunden ist. Sie wird nach Cummins als *basic interinterpersonal communication skills* (BICS) bezeichnet.[2] Im Schulalltag überwiegen kognitiv anspruchsvolle Kommunikationssituationen, die als *cognitive academic language proficiency* (CALP) bezeichnet werden und deutlich weniger Kontext bieten und eine größere Nähe zur Bildungssprache und der konzeptionellen Schriftlichkeit aufweisen. Die Beherrschung von CALP erfordert sprachliche Kompetenzen, die nicht bei allen Lernenden vorausgesetzt werden können. Daher müssen sie in allen Fächern explizit vermittelt werden. [3] Bereits im Grundschulalter verfügen Kinder mit DaM über eine hohe sprachliche Qualifikation, die mit dem Schuleintritt durch die institutionsspezifischen sprachlichen Muster erweitert werden. Diese sind insbesondere auf der semantischen und der der pragmatischen Ebene herausfordernd.[4] Der Aufbau bildungssprachlicher Kompetenzen ist insbesondere für Lernende mit DaZ schwierig, da dies mehrere Jahre benötigt. [5] Der Sportunterricht ist tendenziell im Bereich der BICS anzusiedeln.[6]

Entwicklungsaufgaben

Sprachförderung sollte sich auf die dem Alter entsprechenden sprachlichen Entwicklungsaufgaben beziehen. Es können vier verschiedene Dimensionen der Sprachaneignung unterschieden werden: Die Pragmatik (Sprachhandeln), die Semantik (Bedeutung von Wörtern und Sätzen), die Grammatik (Satzbau und Wortbildung/Flexion) und die Phonologie und Prosodie (Laute und Lautstruktur).[7] Die Aneignung der Bildungssprache ist dabei von zentraler Bedeutung. Dazu zählen Sprechhandlungen wie das Analysieren, Beschreiben, Vergleichen, Erklären und Erörtern, die elaboriert und dekontextualisiert sind.[8] Auf der Ebene Semantik ist die Aneignung eines Fachwortschatzes als altersgemäße Entwicklungsaufgabe zu betrachten.[9] Aus den vielfältigen Anforderungen mit denen Kinder beim Schuleintritt konfrontiert werden ergeben sich die entsprechenden Entwicklungsaufgaben. Die Interaktionen mit Lehrenden, im Sinne spezifischer, das Rederecht betreffender Regeln und typischer Muster, müssen gelernt werden. Die erworbenen Qualifikationen

---

[2] Vgl. Ebd.
[3] Vgl. Petersen & Tajmel 2015, S. 94 f.
[4] Vgl. Erhorn 2014, S. 30
[5] Vgl. Kniffka & Siebert-Ott 2009, zitiert nach Arzberger & Erhorn 2013, S. 6
[6] Vgl. Rackemann 2016, S. 77
[7] Vgl. Tracy 2008 sowie Zimmer 2010, zitiert nach Erhorn 2014, S. 29
[8] Vgl. Kniffka & Siebert-Ott 2009, zitiert nach Erhorn 2014, S. 31
[9] Vgl. Erhorn 2014, S. 30

werden mit zunehmendem Alter ergänzt und ausgebaut. Mit sieben Jahren können die Kinder beispielsweise ihre eigenen Gefühle äußern und in Dilemma-Situationen argumentieren. Ihre Kompetenz zur Instruktion erweitert sich im Umgang mit anderen Kindern. Spezifische Aufgabenstellungen mit fachsprachlichen Elementen können mit etwa neun Jahren verstanden werden und auch die Wiedergabe fachlicher Zusammenhänge mit Verwendung von Fachbegriffen ist ihnen in diesem Alter möglich. Zum Ende der Grundschulzeit sind Kinder in der Lage sich in andere Kinder hineinzuversetzen und somit Konflikte verbal zu lösen. Darüber hinaus können sie Erzählungen zusammenhängend formulieren und auch Spielregeln erklären.[10] Die schulspezifischen Sprachhandlungen können nach Vollmer in acht Diskursfunktionen (*Aushandeln, Erfassen/Benennen, Beschreiben/Darstellen, Berichten/Erzählen, Erklären/Erläutern, Argumentieren/Stellung nehmen, Beurteilen/Bewerten, Simulieren/Modellieren*) unterteilt werden, die in allen Unterrichtsfächern vorkommen. Folglich müssen sie von Beginn an gefördert werden. Diese Entwicklungsaufgaben treffen auf Grundlage des derzeitigen Forschungsstandes auch auf Kinder mit DaZ zu. Allerdings können weitere Entwicklungsaufgaben für DaZ-Lernende hinzukommen.[11] Die Anforderungen variieren auf den Ebenen des Spracherwerbs. Auf der Ebene der Pragmatik verhält es sich so, dass im Kontext des Zweitspracherwerbs diejenigen Voraussetzungen für pragmatische Fähigkeiten zur Verfügung stehen, die mit der Erstsprache erworben worden sind. Herausforderungen, die die Phonologie und Prosodie betreffen, zeigen sich insbesondere in der Unterscheidung von langen und kurzen Vokalen, bei Konsonantenhäufungen, der Auslautverhärtung, Wortbetonungsmustern und im Bereich der Aussprache. Ein Vorteil auf semantischer Ebene ist eine Kenntnis von Wörtern und deren Bedeutung in der Erstsprache, da der Wortschatz der Zweitsprache dadurch deutlich schneller erlernt werden kann. Grammatikalische Probleme lassen sich insbesondere bei der Pluralbildung, der Genusmarkierung, der Verbstellung im Satzbau und der korrekten Wortbildung beobachten.[12]

---

[10] Vgl. Trautmann & Reich 2008, zitiert nach Erhorn 2014, S. 31
[11] Vgl. Landua, Maier-Lohmann & Reich 2008, zitiert nach Erhorn 2014, S. 32
[12] Vgl. u. a. Engin 2010; Arzberger & Erhorn 2013a; Colombo-Scheffold, Fenn, Jeuk & Schäfer 2008; Tracy 2009; Trautmann & Reich 2008, zitiert nach Erhorn 2014, S. 32

Zweitspracherwerbstheorien

In der heutigen Forschung gibt es keine Zweitspracherwerbstheorie, die alle Faktoren des Zweitspracherwerbs berücksichtigt und wissenschaftlichem Konsens genießt. Dennoch gibt es vier unterschiedliche Grundannahmen des Zweitspracherwerbs, die als Ansatz zum Verständnis dienen.[13] Diese sollen als theoretische Grundlage im Folgenden skizziert werden.

Interaktionistische Theorie

Bei der *Annahme der getrennten Entwicklung* wird davon ausgegangen, dass sich die grammatischen Systeme der Erst- und der Zweitsprache nicht gegenseitig beeinflussen und der Zweitspracherwerb sich dementsprechend unabhängig entwickelt. Die Theorie bezieht sich lediglich auf den frühen Bilingualismus, wodurch ihr für den Zweitspracherwerb in der Schule keine hohe Bedeutung zukommt. Es lässt sich für den Unterricht lediglich ableiten, dass Kinder in der Lage sind unterschiedliche grammatische Systeme gleichzeitig zu erlernen.[14]

Lerntheorie

Die *Kontrastivhypothese* besagt, dass sich die Erstsprache beim Lernen einer weiteren Sprache auf diese auswirkt, indem Eigenschaften und Strukturen auf die Zweitsprache übertragen werden. Folglich wären Sprachen, die der Erstsprache ähneln einfacher zu erlernen, als Sprachen, die sich stark von der Erstsprache unterscheiden. In diesem Verständnis könnte sich bei ähnlichen Sprachen eine positive Übertragung ergeben, wohingegen das Lernen sehr unterschiedlicher Sprachen mit einem höheren Fehlerpotential einhergehe. In der Praxis lässt sich allerdings beobachten, dass auch große Unterschiede mit Leichtigkeit erlernt werden können und auch ähnliche Strukturen den Lernenden Schwierigkeiten bereiten können.[15]

Reifungstheorien

Die *Identitätshypothese* wurde in Abgrenzung zur Kontrastivhypothese formuliert. Der Spracherwerb aller Sprachen folgt demnach den gleichen Gesetzmäßigkeiten. Daher spiele es keine Rolle, ob zuvor eine Sprache gelernt wurde. Die Lernenden bilden,

---

[13] Vgl. Jeuk 2010, S. 31
[14] Vgl. Jeuk 201, S. 32 f.
[15] Vgl. Jeuk 2010, S. 31

prüfen und verwerfen in ihrer Sprachentwicklung Hypothesen. Fehler wären somit nicht der Struktur der Erstsprache geschuldet.[16]

Insbesondere für den DaZ-Unterricht ist die *Teachability-Hypothese* interessant, da hierbei die Spracherwerbsforschung und die Sprachlehrforschung verbunden werden. Fehler werden als wichtige Zwischenschritte im Erwerbsprozess bewertet, die als Grundlage für die Anregung von Lernprozessen genutzt werden können. Die Gegenstände und Methoden müssen folglich an die Lernenden angepasst werden. Die sprachlichen Aufgaben werden von den Lernenden in vergleichbaren Stadien gelöst. Regelmäßige Strukturen werden dabei vor den Ausnahmen erlernt. Der Schulunterricht sollte sich darauf aufbauend an den Erwerbsphasen orientieren, da es sogar zu Verzögerungen in der Sprachentwicklung führen könnte, wenn Lehrende zu weit vorausgreifen.[17]

Kognitive Theorie

Bei der *Interlanguage-Hypothese* wir davon ausgegangen, dass Lernende ein Sprachsystem ausbilden, welches Merkmale der Erst- und Zweitsprache enthält und solche, die nicht aus diesen abzuleiten sind. Der Aufbau dieser Lernersprache entwickelt sich nach unterschiedlichen Prinzipien:

Ähnlichkeiten in der Struktur der Sprachen kommt eine besondere Bedeutung zu (*Übertragung aus der Erstsprache*). Anhand von Übungsmaterial erworbene Muster werden vom Lernenden erprobt und auf andere Situationen angewendet (*Übungstransfer*). Die daraus entwickelten Strategien dienen der Hypothesenbildung und −prüfung (*Strategien des Sprachenlernens*). Funktionelle Reduktionsstrategien, wie Entlehnungen, Umstrukturierungen, Wortneubildungen, Code-Wechsel, die Vermeidung von Themen oder der Einsatz von Mimik und Gestik, sind Verhaltensweisen, die in konkreten Kommunikationssituationen von den Lernenden herangezogen werden können (*Kommunikationsstrategien*). Erfolgreich erworbene Regeln können von Lernenden auch auf Bereiche übertragen werden, in denen sie nicht gelten (*Übergeneralisierung*).

Sofern die Lernersprache keinem der beiden Sprachen zugeordnet werden kann, wird sie als drittes System aufgefasst. Das Wissen der Lernenden kann anhand ihrer Fehler

---

[16] Vgl. Jeuk 2010, S. 32
[17] Vgl. jeuk 2010, S. 35 f.

und Verhaltensweisen abgelesen und der Stand der Interlanguage somit bestimmt werden. Lernende stagnieren oftmals auf einer Entwicklungsstufe, da ihr Streben nach sprachlicher Perfektion nachlässt, sobald sie ein für sie akzeptables Niveau erreicht haben (*Fossilierung*).[18]

Sprachförderliche Lernbedingungen

Kinder sind bei guten Voraussetzungen problemlos dazu fähig zwei und mehr Sprachen zu lernen. Der erfolgreiche Erwerb einer zweiten Sprache ist jedoch von verschiedenen Faktoren abhängig. Kinder, die in der Schule Deutsch als Zweitsprache lernen, haben oft hohe Kompetenzen in ihrer Erstsprache. Ihre Kompetenzen in Deutsch müssen häufig noch ausgebaut werden, damit sie dem Unterricht folgen können.[19] Der Erwerb bildungs- und fachsprachlicher Kompetenzen ist durch die Zunahme sprachlicher Vielfalt zur Aufgabe aller Schulfächer geworden, da ihnen eine hohe Relevanz für fachliche Bildungsprozesse zukommt.[20] Der Unterricht sollte dabei fächerübergreifend und weitgehend handlungsorientiert konzipiert werden.[21] Der Erwerb von Reflexions- und Urteilskompetenz und Fachsprachlichkeit ist neben dem Erwerb motorischer Kompetenzen als ein zentrales Bildungsziel im Sportunterricht zu bewerten.[22] Es lassen sich positive Effekte von Bewegung auf die kognitive Leistungsfähigkeit beobachten.[23] Die durch Bewegung gesteigerte Aufmerksamkeit und geistige Leistungsbereitschaft kann für die Sprachförderung genutzt werden.[24] Im Rahmen der bewegungsorientierten Sprache rücken die Schwächen der Lernenden in den Hintergrund und an ihren bereits vorhandenen Kompetenzen angesetzt.[25] Im Sportunterricht kommen der Sprache verschiedene Funktionen zu:

Sie dient als Kommunikationsmittel Beschreibungen und der Beurteilung von Bewegungen, sie ist ein Werkzeug, um sich Wissen in Form von Regeln zu erschließen und sie ist Lerngegenstand an sich. Der Erwerb einer „reflektierten Handlungsfähigkeit" aller Lernenden gilt als eine diskursbestimmende Zieldimension. Folglich ist reflexives und fachsprachlich orientiertes Sprechen als

---

[18] Vgl. Jeuk 2010, S. 34 f.
[19] Jeuk 2010, S. 13
[20] Vgl. Kultusministerkonferenz 1996, zitiert nach Krüger & Kaulvers 2019, S. 14
[21] Vgl. Landesinstitut für Schulentwicklung 2016, S. 23
[22] Vgl. Krüger & Kaulvers 2019, S. 15
[23] Vgl. Meyer & Baumann 2010, zitiert nach Rackemann 2016, S. 54
[24] Vgl. Graf et al. 2003, zitiert nach Rackemann 2016, S. 55
[25] Vgl. Zimmer 2012, S. 13

Konstitutionsmerkmal für einen Sportunterricht zu betrachten, der auf Verständigung und Partizipation ausgelegt ist.[26]

Emotionale Bedingungen

Darüber hinaus ist es durchaus sinnvoll das Lernen spielerisch zu gestalten, da sie im Spiel unbewusst lernen. Insbesondere unsicheren Kindern bietet sich durch Sprachspiele die Gelegenheit sich in einem vorgegebenen Handlungs- und Sprachmuster zu bewegen und neben sozialer Kompetenzen auch Satzstrukturen und Redemittel zu erlernen und ihren Wortschatz zu erweitern. Ferner können so weitere Sprachelemente wie Klang und Rhythmus erlernt werden.[27] In lernpsychologischen Versuchen konnte gezeigt werden, dass implizites Lernen ebenso effektiv sein kann wie explizites Lernen.[28] Es gibt außerdem Hinweise darauf, dass Grundschulkinder in den ersten Klassen noch nicht in der Lage sind systematisch-gesteuert zu lernen und daher auf intuitive und situative Lernsituationen angewiesen sind.[29] Der Vorteil von Spielen ist darüber hinaus, dass diese motivierend sind und sich positiv auf das Gruppenklima auswirken, wodurch die Integration begünstigt wird. Resultierend wird eine positive Haltung zum Unterricht und der Zielsprache erreicht.[30] Günstige emotionale Bedingungen gelten als Voraussetzung dafür, dass sich Kinder der zu lernenden Sprache öffnen. Ein weiterer Ansatz, um dies zu gewährleisten ist die Würdigung ihrer Erstsprache und der Lebenswelt der Lernenden. Lehrende sollten sich daher offen und neugierig zeigen und eventuell einige Grußformeln oder Floskeln in der Sprache der Lernenden kennen, um ihnen Anerkennung und Wertschätzung zu vermitteln.[31] Neue und fremde Spiele und Bewegungsformen aus anderen Ländern in den Sportunterricht aufzunehmen ermöglicht den Kindern fremde Kulturen kennenzulernen und ihnen wertschätzend zu begegnen und sprachlich zu öffnen.[32]

Umgang mit Fehlern

Der Zweitspracherwerb kann mit negativen Affekten behaftet werden und sich resultierend negativ auf das Selbstbewusstsein auswirken, da die Sprache in

---

[26] Vgl. Krüger & Kaulvers 2019, S. 15
[27] Vgl. Landesinstitut für Schulentwicklung 2016, S. 57
[28] Vgl. Diehl et al. 2000, S. 50
[29] Vgl. Jeuk 2010, S. 61
[30] Vgl. Karagiannakis 2008, S. 343
[31] Vgl. Landesinstitut für Schulentwicklung 2016, S. 8
[32] Vgl. Gebken et al. 2016, zitiert nach Rackemann 2016, S. 67 f.

Verbindung mit der eigenen Identität steht und das Selbstbild beeinflusst.[33] Begleiterscheinungen, die beim Erwerb einer Zweitsprache typisch sind, können Unwohlsein, Hemmungen oder Ängste sein.[34] Diese lassen sich durch die Integration von Bewegung abbauen, da der Fokus auf die Sprache verringert wird.[35] Die mündliche Fehlerkorrektur sollte im Sport reduziert werden.[36] Ein sensibler Umgang mit fehlerhaften Äußerungen der Lernenden erfordert die Berücksichtigung der individuellen Kritikfähigkeit und ist situationsabhängig.[37] Grundsätzlich sollte der Inhalt sprachlicher Äußerungen von Lernenden größere Beachtung finden als die Form. Um Sprachhemmungen vorzubeugen, müssen fehlerhafte sprachliche Äußerungen der Lernenden sensibel behandelt werden. Lehrende haben die Möglichkeit korrektives Feedback zu geben, indem sie die Aussage in der berichtigten Zielstruktur wiederholen. Den Lernenden sollte Zeit zum Formulieren gelassen werden und bei Problemen kann die Klassengemeinschaft gebeten werden zu helfen. Beispielsweise kann ein Zeitraum angegeben werden, in welchem die Lernenden sich Gedanken dazu machen können was sie sagen möchten und sich dazu gegebenenfalls auch mit anderen austauschen.[38]

Sprachvorbilder

Eine wichtige Lernbedingung, die sich auf die Sprachförderung auswirkt, ist darin zu sehen ob sich die Lehrenden über ihre Funktion als Sprachvorbild für Lernende bewusst sind.[39] Die Bedeutung der Sprachqualität der Lehrenden als wichtiges Sprachvorbild wird in aktuellen Konzepten betont.[40] Die positiven Auswirkungen konnten in verschiedenen Studien belegt werden.[41] Für eine erfolgreiche Sprachaneignung ist die Grundhaltung, dass ein sprachfördernder Anteil in jeder Kommunikation enthalten ist, der Lehrenden bedeutend. Außerdem sollten Lehrende ihr sprachliches Verhalten an die Lernenden anpassen.[42] In den vergangenen Jahren wurde die Erkenntnis, dass jeder Unterricht auch Sprachunterricht ist und auch zur

---

[33] Vgl. Rackemann 2016, S. 56
[34] Vgl. Schiffler 2012, zitiert nach Rackemann 2016, S. 56
[35] Vgl. Calenge 1997, zitiert nach Rackemann 2016, S. 56
[36] Vgl. Rackemann 2016, S. 73
[37] Vgl. Gebken et al. 2016, zitiert nach Rackemann 2016, S. 73
[38] Vgl. Arzberger & Erhorn 2013, S. 9 f.
[39] Vgl. Arzberger & Erhorn 2013, S. 8
[40] Vgl. Fried 2011; & Wolf et al. 2011, zitiert nach Madeira Firmino et al. 2014, S. 36
[41] Vgl. Albers 2009; Simon & Sachse 2011; Buschmann & Jooss 2011,
      zitiert nach Madeira Firmino et al. 2014, S. 36
[42] Vgl. Jeuk 2010, S. 30

Förderung von DaZ genutzt werden kann und sollte, auf alle Schulfächer übertragen, mit Ausnahme des Sportunterrichts.[43] Doch auch Sportunterricht, in welchem ebenfalls eine sprachliche Verständigung stattfindet, kann diese Erkenntnis gewinnbringend eingesetzt werden. Sportunterricht ist durch einen sportspezifischen Wortschatz und einen für die Sporthalle typischen Satzbau geprägt.[44]

Grammatikalische Richtigkeit

Damit die Lernenden den Lehrenden bestmöglich folgen können, sollte weitgehend auf Füllwörter verzichtet und keine überlangen Sätze gebildet werden.[45] Gleichzeitig sollten Lehrende die Sprache nicht zu stark vereinfachen, dass nur noch wichtige Inhaltswörter genutzt werden, da die Fähigkeit der Lernenden Sprache zu verstehen immer über ihre eigene Sprachproduktion hinausgeht. Die Lernenden sind durchaus in der Lage die Sätze anhand der wichtigen Inhaltswörter zu verstehen. In mündlichen Kommunikationssituationen können nonverbale Mittel wie die Mimik, Gestik und Körpersprache das Verständnis gegebenenfalls unterstützen.[46]

Deutlichkeit

In der Alltagskommunikation kommt es häufig vor, dass einzelne Wörter oder Wortteile in der Aussprache verschluckt werden können. Auch Dialekte können insbesondere für DaZ-Lernende schwierig zu verstehen sein. Lehrende sollten daher in angemessener Lautstärke zu den Lernenden zu sprechen und dabei auf eine klare und deutliche Aussprache der Wörter achten.[47] Da die übertriebene Betonung allerdings unnatürlich wirken kann, sollte nicht jedes einzelne Wort stark betont werden.[48]

Variationen

Um die typischen Charakteristika des Deutschen beobachten zu können, müssen Lernende komplexen Sätzen in einem vielseitigen Sprachangebot ausgesetzt werden.[49] Infolgedessen sollten Lehrende auf eine variationsreiche Sprache achten, indem sie sowohl Hauptsatzstrukturen als auch Nebensatzstrukturen verwenden. So könnte die Anweisung „Alle in den Kreis!" folgendermaßen variiert werden:

---

[43] Vgl. Ahrenholz 2010, zitiert nach Arzberger & Erhorn 2013, S. 6
[44] Vgl. Arzberger & Erhorn 2013, S. 8
[45] Vgl. Kniffka & Siebert-Ott 2009, zitiert nach Arzberger & Erhorn 2013, S. 8
[46] Vgl. Arzberger & Erhorn 2013, S. 8
[47] Vgl. Kniffka & Siebert-Ott 2009, zitiert nach Arzberger & Erhorn 2013, S. 8
[48] Vgl. Arzberger & Erhorn 2013, S. 8
[49] Vgl. Tracy 2009, zitiert nach Arzberger & Erhorn 2013, S. 8

„Lasst uns einen Kreis bilden, um gemeinsam das Spiel auszuwerten."
„Bitte begebt euch jetzt alle in die Mitte der Turnhalle."
„Setzt euch in den Kreis, damit wir miteinander reden können."[50]

Sprachförderliches Potential wahrnehmen

Im Sportunterricht kann entgegen der Annahme, dass es ein wenig sprachbetontes Schulfach sei, eine spezielle und effektive Förderung des Zweitspracherwerbs erzielt werden.[51] Im Sportunterricht liegt insbesondere in den Anleitungs- und Reflexionsrunden ein hohes sprachförderliches Potential, das als solches wahrgenommen und genutzt werden sollte. Gleichzeitig sind solche Situationen mit hohen sprachlichen Anforderungen verbunden, denn die Lernenden müssen den sportspezifischen Wortschatz kennen und verwenden. Daher sollten relevante Worte, die Materialien, Körperteile, Hallenbereiche und ähnliches betreffen vorab thematisiert und gegebenenfalls nonverbal unterstützt werden. Dies sollte zu Beginn jeder Stunde wiederholt werden. Eine weitere Schwierigkeit liegt darin losgelöst von der konkreten Spielsituation zu erklären und beschreiben. Deshalb ist es sinnvoll wenn Lehrende gezielt nachfragen, um das Verständnis zu sichern.[52] Gelegenheiten zum Erklären und Argumentieren zu schaffen ist besonders wichtig, da diese diskursiven Praktiken als hochgradig funktional zur Bearbeitung bildungsbezogener Aufgaben zeigen.[53] Der Kompetenzbereich Sprechen und Zuhören kann durch die anschließende Reflexion eines Spiels und eine Taktikanalyse besonders gut gefördert werden. Gleichzeitig werden so das Spiel und seine Regeln gemeinsam verbessert und der für das Spiel spezifische Fachwortschatz erarbeitet. In diesem Rahmen ist der Einsatz von Visualisierungen und das Operieren mit verschiedenen Sinnen sinnvoll.[54]

Sprachanlässe gestalten

Der Sportunterricht besteht die Möglichkeit authentische Interaktionssituationen herzustellen. Folglich ist die Förderung der Kommunikationskompetenzen naheliegend, um die Sprache durch unmittelbare Erfahrungen in situativen Sprechanlässen und nicht abstrakt und mediatisiert zu erwerben.[55] Gemeinschaftliche

---

[50] Vgl. Arzberger & Erhorn 2013, S. 8
[51] Vgl. Rackemann 2016, S. 51
[52] Vgl. Arzberger & Erhorn 2013, S. 9 f.
[53] Vgl. Heller 2017, S. 173
[54] Vgl. Arzberger & Ehrhorn 2013a, zitiert nach Rackemann 2016, S. 67
[55] Vgl. Vgl. Da Luz 2008, zitiert nach Rackemann 2016, S. 49

Aktivitäten sind situative Sprechanlässe und eignen sich daher besonders für die Sprachförderung.[56] In solchen Handlungssituationen greifen verbale und nonverbale Handlungsteile ineinander.[57] Bewegungsanlässe können als Sprachanlässe genutzt werden. Dies stellt eine sinnvolle Möglichkeit dar, um an den Ressourcen der Lernenden anzusetzen, statt von ihren Defiziten auszugehen.[58] Die bewusste Gestaltung von Sprachanlässen für Lernende ermöglicht den Lernenden die deutsche Sprache selbstständig in unterschiedlichen Situationen zu verwenden und kommunikativ aktiv zu werden. Lehrende können dazu motivieren selbstständig Gruppen und Mannschaften zu bilden und die Regeln auszuhandeln und sich selbstständig kleine Übungen überlegen und sich Bewegungsabläufe gegenseitig zeigen und erklären. Absprachen zum Geräteaufbau können ebenfalls durch die Lernenden erfolgen.[59] Kooperatives Lernen ist sowohl für soziales Lernen als auch für sprachliches Lernen förderlich, da der Anteil der Sprechzeit erhöht ist. Zudem können positive Effekte auf die Motivation und das Selbstbewusstsein damit einhergehen.[60]

Verbale Begleitung

Ein besseres Verständnis für Lernende mit DaZ und DaM kann erzielt werden, indem Lehrende ihre eigenen Handlungen und Bewegungen versprachlichen. Auf diese Weise wird das die Bewegung mit dem Gesagten verknüpft und Lernende können bestimmte Wörter und Bewegungen besser verstehen und einprägen. In diesem Zusammenhang empfiehlt es sich die Bewegung verlangsamt auszuführen und währenddessen deutliche zu sprechen. Auch die von den Lernenden vollzogenen Handlungen und Bewegungen können zu diesem Zweck und zur Wiederholung versprachlicht werden. Lernende können darüber hinaus die Aufgabe einer Spieleanleitung oder -moderation übernehmen.[61] Das pantomimische Nachahmen von Begriffen führt zu einer schnelleren Aufnahme der Wörter in den aktiven Wortschatz der Lernenden.[62] Das Lernen mit mehreren Dimensionen und Sinnen kann durch die Visualisierung von Wörtern unterstützt werden. Dazu können laminierte Wort- oder Bilderkarten eingesetzt werden, die eine Strukturierung des Wissens ermöglicht,

---

[56] Vgl. Günther & Günther 2007, zitiert nach Rackemann 2016, S. 49
[57] Vgl. Zimmer 2012, S. 5
[58] Vgl. Zimmer 2012, S. 3
[59] Vgl. Arzberger & Erhorn 2013, S. 10 f.
[60] Vgl. Rösler 2012, S. 98
[61] Vgl. Arzberger & Erhorn 2013, S. 10 f.
[62] Vgl. Apeltauer 2012, zitiert nach Rackemann 2016, S. 65

indem flüchtige mündliche Äußerungen durch wiederholbare Wortbilder ergänzt werden.[63]

Rituale und Regeln

Ein klar strukturierter Sportunterricht ist besonders wichtig für Gruppen mit Verständigungsproblemen. Rituale und Regeln stellen dabei zwei wichtige Komponenten dar, um sprachliche und kulturelle Barrieren mithilfe einer klaren und ritualisierten Klassenführung zu überwinden.[64]

Besonderheiten im Rahmen des Sportunterrichts
und didaktische Konsequenzen

Die Lernenden sollen im Rahmen des Sportunterrichts die Vielfalt der Bewegungskultur erleben. Ziel ist es sie zu einer lebenslangen Teilhabe daran zu befähigen und zu motivieren. Zudem kann die Bewegungskultur zur Persönlichkeitsentwicklung der Lernenden beizutragen. Neben motorisch-körperlichen Kompetenzen, können auch die emotionalen und sozialen Kompetenzen durch den Sportunterricht gefördert werden. Die Lernenden sollen durch den Erwerb notwendiger Fähigkeiten und die Auseinandersetzung mit verschiedenen Sinnrichtungen zu einem mündigen uns selbstbestimmten Umgang mit der Bewegungskultur befähigt werden.[65] Bewegung und Sprache können getrennt voneinander betrachtet werden, entwickeln sich jedoch abhängig voneinander und beeinflussen sich gegenseitig als zwei wesentliche Dimensionen kindlicher Entwicklung.[66] Wie zuvor beschrieben müssen Lernende sich im Rahmen des Sportunterrichts einen spezifischen Fachwortschatz aneignen. Es gibt verschiedene Möglichkeiten diesen für Lernende zugänglich zu machen. Voraussetzung ist auch hierbei eine hohe Bewusstheit auf Seiten der Lehrenden. Die für die geplante Sportstunde relevanten Wörter sollten zunächst in der Lerngruppe geklärt werden. Dabei ist die genaue Bezeichnung von Körperteilen, Materialien, Bewegungen von großer Bedeutung.[67] *Präpositionen und lokale Adverbien* stellen für Lernende der deutschen Sprache oftmals eine Schwierigkeit dar. Im Sportunterricht bietet es sich daher an diese häufig zu gebrauchen und zu

---

[63] Vgl. Apeltauer 2010, zitiert nach Rackemann 2016, S. 64 f.
[64] Vgl. Rackemann 2016, S. 60
[65] Vgl. Vgl. Bräutigam 2003, zitiert nach Erhorn 2014, S. 28
[66] Vgl. Madeira Firmino et al. 2014, S. 34
[67] Vgl. Arzberger & Erhorn 2013, S. 12

betonen.[68] Außerdem können Lernende im Sportunterricht die große Anzahl an *Bewegungsverben selbst ausprobieren.* Eine spielerische Weise diese unterschiedlichen Bewegungsverben zugänglich zu machen, kann im Ausführen gegensätzlicher Bewegungen liegen. Diese können beispielsweise als Aufwärmübung durchgeführt werden, indem die Lernenden erst durch die Halle schleichen und dann trampeln lassen. Die Lernenden können so auch eigene Ideen in den Sportunterricht einbringen und sich die Wörter besser einprägen und verstehen, wenn sie diese selbst durchgeführt haben.[69] Die Übung kann erweitert werden, indem die Lernenden gleichzeitig Adjektive darstellen und folglich stolz durch die Halle springen oder traurig durch die Halle schlurfen.[70] In einer Abwandlung dieser Übung können die Lernenden in ihrer Bewegung verschiedene Rollen darstellen. Dementsprechend bewegen sie sich wie eine Tänzerin oder ein alter Mann durch die Halle. Im selben Kontext können also auch Spiele wie *Fischer, Fischer! Wie tief ist das Wasser?* Zur Sprachförderung beitragen.[71]

Im Gegensatz zu den künstlich erzeugten Kommunikationsanlässen, die die Lernenden aus dem Klassenraum gewöhnt sind, können im Sportunterricht vielfältige Sprachanlässe ausgelöst werden. Um diese zu ermöglichen sollte ihnen eine anregende Bewegungsumwelt geboten und Freiraum zur Lösung authentischer Probleme und Bewegungsaufgaben gewährt werden. Auch die selbstständige Mannschaftsbildung und Regelentwicklung durch die Lernenden stellen authentische Sprechanlässe dar.[72] Auch Bewegungslandschaften haben Sprachförderliches Potential, da die Lernenden sich frei bewegen und kommunikativ aktiv werden. Diese können unter einem bestimmten Thema, wie beispielsweise einer Wanderung zum Nordpol aufgebaut werden, auf der verschiedene Hindernisse überquert werden müssen. Diese Geschichte kann von den Lernenden selbst erdacht und entsprechend aufgebaut und versprachlicht werden.[73]

Die Entfaltung von Sprechfreude kann als eine der wichtigsten Voraussetzungen gesehen werden.[74] Dem Sportunterricht kommt die Funktion der kognitiven Entlastung durch körperliche Aktivität zu. Daher sollte die Sprachförderung vor allem durch

---

[68] Vgl. Arzberger & Erhorn 2013, S. 12
[69] Vgl. Arzberger & Erhorn 2013, S. 13
[70] Vgl. Baumgartner et al. 1992, zitiert nach Arzberger & Erhorn 2013, S. 14
[71] Vgl. Arzberger & Erhorn 2013, S. 14
[72] Vgl. Arzberger & Erhorn 2013b, zitiert nach Rackemann 2016, S. 62
[73] Vgl. Arzberger & Erhorn 2013, S. 11
[74] Vgl. Zimmer 2010, zitiert nach Rackemann 2016, S. 59

weitgehend unbewussten Sprachgebrauch und der Thematisierung von sprachlichem Input angestrebt werden. Die sprachliche Weiterbildung kann daher als Ziel des Sportunterrichts thematisiert werden, wobei der ungesteuerte Spracherwerb durch diese nicht behindert werden sollt. Ein positives und soziales Klassenklima wirkt sich zudem günstig auf die Lernbereitschaft aus.[75] Für einen sprachbewussten Fachunterricht sollten Lehrende zuvor reflektieren welche Anforderungen an den mündlichen Sprachgebrauch und das Hören gestellt werden und welche sprachlichen und kulturellen Hürden sich diesbezüglich auftun können. Darüber hinaus muss der spezifische Wortschatz der zu lernen ist bestimmt werden.[76] Lehrende, die eine sensibilisierte und bewusst agierende Unterrichtssprache verwenden, sind für die Sprachbildung unabdingbar.[77] In der Regel sind Lehrende des Faches Sport nicht darin ausgebildet produktiv mit den Sprachschwierigkeiten mit denen sie konfrontiert werden umzugehen und es fehlt ihnen die Zeit sich in die umfangreiche DaZ-Literatur einzulesen. Daher sind entsprechende Fortbildungen und Qualifizierungsangebote sinnvoll.[78] Eine Sensibilisierung kann auf verschiedenen Ebenen erreicht werden. Auf der empathischen Ebene können Lehrende sich in die Situation der Lernenden hineinversetzen, indem ihnen beispielsweise eine Aufgabe aus einem Fachunterricht in einer anderen Sprache als Deutsch gestellt wird. Die Intervention kann auf institutioneller Ebene eine Lehrplananalyse und eine Analyse der Bildungsstandards beinhalten, anhand derer die für den eigenen Unterricht erforderlichen sprachlichen Mittel herausgearbeitet werden. Unterschiede zwischen Mündlichkeit und Schriftlichkeit, Kontrastive Sprachbetrachtung und Besonderheiten der Fachsprache können auf der linguistischen Ebene wirkungsvoll eingesetzt werden. Schließlich sollten die geplanten Unterrichtssequenzen auf der praktisch-professionellen Ebene auf die sich daraus ergebenden sprachlichen Handlungen reflektiert werden. Resultierend wird das Bewusstsein für die Relevanz der Sprache im Unterricht geschärft.[79]

---

[75] Vgl. Rackemann 2016, S. 59
[76] Vgl. Kniffka & Siebert-Ott 2009, zitiert nach Arzberger & Erhorn 2013, S. 6
[77] Vgl. Petersen & Tajmel 2015, S. 100
[78] Vgl. Leisen 2013, S. 10
[79] Vgl. Petersen & Tajmel 2015, S. 101

Schlussbetrachtung

Zusammenfassend lässt sich festhalten, dass der Sportunterricht einen wichtigen Beitrag dazu leisten kann Lernende qualitativem Sprachinput auszusetzen und viel sprachförderliches Potential bietet, welches ihn vom theoretischen Lernen in anderen Unterrichtsfächern unterscheidet. Eine der Grundvoraussetzungen für günstige emotionale Bedingungen ist im Sportunterricht durch den situativen und spielerischen Charakter, der intuitives Lernen ermöglicht, gegeben und kann mithilfe einer sensiblen Fehlerkultur und der aktiven Wertschätzung anderer Kulturen verbessert werden. Die Grundeinstellung der Lehrenden und ihr Bewusstsein, dass sie ein bedeutendes Sprachvorbild für die Lernenden sind ebenfalls zentral. In diesem Verständnis ist die Deutlichkeit und grammatikalische Richtigkeit ihrer Aussprache ausschlaggebend für den Lernerfolg. Eine Variationsreiche Sprache der Lehrenden wirkt sich ebenfalls günstig darauf aus und sollte daher bewusst verwendet werden. Sprachanlässe können von den Lehrenden bewusst zugunsten der Sprachförderung gestaltet werden. Die verbale Begleitung von Bewegungen begünstigt das Einprägen neuer Wörter. Bei größeren Verständigungsproblemen erleichtern Rituale und Regeln den Ablauf des Sportunterrichts.

Die Vorbereitung im Studium ist mangelhaft und fachspezifische Lernangebote, die die Sprachbildung im Sportunterricht betreffen, fehlen. Resultierend ist die Balance von sprachlichem und fachlichem Lernen für Sportlehrende eine Herausforderung.[80] Folglich sind Fortbildungen und didaktisch reflektierte Konzepte notwendig, um Lehrenden die Relevanz und das Potential von Sprachbildung im Rahmen ihres Sportunterrichts bewusst zu machen und deren Umsetzung zu erleichtern.

---

[80] Vgl. Krüger & Kaulvers 2019, S. 14

Literaturverzeichnis

Arzberger, Christina & Erhorn, Jan (2013b): Sprachförderung in Bewegung. Sprachbewusster Sportunterricht und bewegter Deutschunterricht. Handreichung. Herausgegeben von der Universität Hamburg in Kooperation mit der Internationalen Bauausstellung IBA Hamburg und dem Landesinstitut für Lehrerbildung und Schulentwicklung
PDF-Version abrufbar auf:
https://li.hamburg.de/publikationen/publikationen/4269452/sprachfoerderung-deutsch-sport/

Diehl, Erika; Christen, Helen; Leuenberger, Sandra; Pelvat, Isabelle & Studer, Thérèse (2000): Grammatikunterricht: Alles für der Katz? Untersuchungen zum Zweitsprachenerwerb Deutsch. Tübingen: Max Niemeyer Verlag.

Erhorn, Jan (2014): Sprachförderung im Sportunterricht. Eine explorative Studie zu den sprachförderlichen Potenzialen des Sportunterrichts in der Grundschule. Spectrum 26, Heft 1.

Heller, Vivien (2017): Lerngelegenheiten für Erklären und Argumentieren: Wie partizipieren mehrsprachige Schülerinnen und Schüler an bildungssprachlichen Praktiken.
In: Fuchs, Isabelle; Jeuk, Stefan & Knapp, Werner (Hrsg.) (2017): Mehrsprachigkeit: Spracherwerb, Unterrichtsprozesse, Seiteneinstieg. Stuttgart: Klett Verlag

Jeuk, Stefan (2010): Deutsch als Zweitsprache in der Schule. Grundlagen – Diagnose – Förderung. Stuttgart: Kohlhammer

Karagiannakis, Evangelina (2008): Einsatz von Lernspielen im Deutsch als Zweitsprache-Unterricht
In: Ulrich, Winfried (Hrsg.) (2008): Deutschunterricht in Theorie und Praxis. Band 9. Ahrenholz, Bernt & Oomen-Welke, Ingelore (Hrsg.) (2008): Deutsch als Zweitsprache. Baltmannsweiler: Schneider Verlag

Krüger, Mirko, Kaulvers, Jana (2019): Einstellungsveränderungen von BASportlehramtsstudierenden im Kontext eines Professionalisierungsangebots für den sprachbildenden Sportunterricht.
In: Zeitschrift für Studium und Lehre in der Sportwissenschaft, 1 (3), 14-25.
DOI: 10.25847/zsls.2018.008

Landesinstitut für Schulentwicklung (2016): Deutsch als Zweitsprache in der Grundschule. Handreichung. 2. Auflage.

Leisen, Josef (2013): Handbuch Sprachförderung im Fach. Sprachsensibler Fachunterricht in der Praxis. Stuttgart: Klett Verlag

Madeira Firmino, Nadine; Menke, Ricarda; Ruploh, Brigitte & Zimmer, Renate (2014): „Bewegte Sprache" im Kindergarten:Überprüfung der Effektivität einer alltagsorientierten Sprachförderung
DOI: 10.2443/skv-s-2014-57020140103

Petersen, Inger & Tajmel, Tanja (2015): Bildungssprache als Lernmedium und Lernziel des Fachunterrichts
In: Leiprecht, Rudolf & Steinbach, Anja (Hrsg.) (2015): Schule in der Migrationsgesellschaft. Ein Handbuch. Band 2. Schwalbach: Debus Pädagogik Verlag

Rackemann, Julius Bo (2016): Sportunterricht in Sprachlernklassen – Der Stellenwert von Bewegung für geflüchtete Kinder und ihren Spracherwerb. Masterarbeit. Leibniz Universität Hannover.

Rösler, Dietmar (2012): Deutsch als Fremdsprache. Eine Einführung. Weimar: Verlag J.B. Metzler

Zimmer, Renate (2012): Sprache und Bewegung
nifbe-Themenheft Nr. 13
PDF-Version abrufbar auf:
https://www.nifbe.de/images/nifbe/Infoservice/Downloads/Themenhefte/Sprache_und_Bewegung_online.pdf

BEI GRIN MACHT SICH IHR WISSEN BEZAHLT

- Wir veröffentlichen Ihre Hausarbeit, Bachelor- und Masterarbeit

- Ihr eigenes eBook und Buch - weltweit in allen wichtigen Shops

- Verdienen Sie an jedem Verkauf

Jetzt bei www.GRIN.com hochladen und kostenlos publizieren